DER KREATIVE FUNKE

WIE DU DEINE SCHÖPFERKRAFT ENTFESSELST

BEN GAUM

Der kreative Funke -

Wie du deine Schöpferkraft entfesselst

Inhalt

Einleitung

Willkommen, zu "Der kreative Funke: Wie du deine Schöpferkraft entfesselst " – einem Buch, das deine kreativen Fähigkeiten entfesseln und dir helfen wird, die Welt mit neuen Augen zu sehen. In den kommenden Seiten wirst du eine inspirierende Reise antreten, die deine Vorstellungskraft beflügeln und dich dazu ermutigen wird, deine einzigartige kreative Essenz zu entdecken.

In unserer hektischen und von Routine geprägten Welt sehnen sich viele Menschen nach einem Ausbruch aus dem Alltäglichen, nach einem Funken kreativer Energie, der ihr Leben bereichert und verändert. Dieses Buch ist für all jene gedacht, die sich nach einem kreativen Durchbruch sehnen, die ihre künstlerischen Fähigkeiten erweitern oder ihre Blockaden überwinden möchten.

Kreativität ist keine Eigenschaft, die nur einigen wenigen Auserwählten vorbehalten ist. Jeder von uns hat das Potenzial, kreativ zu sein. Es geht darum, den Mut zu haben, unsere eigenen Grenzen zu überschreiten und die Welt auf neue Art und Weise zu betrachten. Kreativität ist ein innerer Prozess, der durch Inspiration, Experimentieren und das Loslassen von Konventionen genährt wird.

In den kommenden Kapiteln werden wir uns mit verschiedenen Aspekten der Kreativität befassen. Wir werden erkunden, wie du deine Vorstellungskraft freisetzen und inspirierende Ideen generieren kannst. Du wirst lernen, wie du deine Sinne schärfst, um die Welt um dich herum intensiver wahrzunehmen und daraus Inspiration zu schöpfen. Wir werden uns mit den emotionalen und psychologischen Aspekten der Kreativität auseinandersetzen und lernen, wie wir unsere Ängste überwinden und unseren Ausdruck befreien können.

Dieses Buch wird dich ermutigen, deine eigene kreative Reise anzutreten und Hindernisse zu überwinden, die dir im Weg stehen könnten. Es wird dir Werkzeuge an die Hand geben, um deine Kreativität im Alltag zu entfalten und deinen Geist für neue Möglichkeiten zu öffnen. Du wirst lernen, wie du mit Technologie deine Kreativität erweitern und mit anderen teilen kannst.

Kreativität ist eine universelle Sprache, die Menschen zusammenbringt und uns befähigt, uns selbst und die Welt um uns herum auf eine tiefere Ebene zu verstehen. Es ist meine Hoffnung, dass dieses Buch dich dazu inspiriert, deine eigene kreative Stimme zu finden und einen nachhaltigen Einfluss auf dein Leben und das Leben anderer zu haben.

Kapitel 1: Die Quelle der Kreativität

Die Quelle der Kreativität liegt in uns allen. Sie ruht tief in unseren Seelen und wartet darauf, entdeckt zu werden. Doch oft sind wir uns dieser Quelle nicht bewusst oder haben verlernt, auf sie zu hören. In diesem ersten Kapitel lade ich dich ein, mit mir auf eine Reise zu gehen, um die verborgenen Tiefen deiner eigenen Kreativität zu erkunden.

Die Quelle der Kreativität ist ein Ort der Inspiration, an dem Ideen aufblühen und sich entfalten. Es ist ein Ort, an dem die Grenzen des Verstandes verschwimmen und Raum für Neues entsteht. Um diese Quelle anzuzapfen, müssen wir uns erlauben, loszulassen und uns dem Fluss unserer eigenen Gedanken und Gefühle hinzugeben.

Oft sind es die einfachen Dinge im Leben, die uns inspirieren. Ein Spaziergang in der Natur, das Betrachten eines Kunstwerks oder das Lesen eines fesselnden Buches können uns tief berühren und unsere kreative Energie entfachen. Es sind die kleinen Momente des Staunens und der Begeisterung, die uns daran erinnern, dass wir Teil von etwas Größerem sind.

Indem wir uns bewusst Zeit für uns selbst nehmen und uns von äußeren Ablenkungen lösen, können wir den Zugang zur Quelle unserer Kreativität erleichtern. Meditation, Achtsamkeitsübungen und das Pflegen von Ruhepausen können uns dabei helfen, unseren Geist zu beruhigen und unseren inneren Dialog zum Schweigen zu bringen. In diesen Momenten des inneren Friedens können wir unsere eigene kreative Stimme klarer hören.

In der heutigen schnelllebigen Welt ist es oft schwierig, diese Zeit für uns selbst zu finden. Doch wenn wir uns bewusst dafür entscheiden, unserer Kreativität Raum zu geben, werden wir belohnt. Indem wir uns erlauben, unsere Gedanken und Ideen zu erkunden, können wir uns selbst besser kennenlernen und unsere eigene Kreativität entfachen.

Indem wir uns mit unserer inneren Quelle der Kreativität verbinden, können wir unser Potenzial voll ausschöpfen und ein erfülltes und inspiriertes Leben führen. Ich lade dich ein, in diesem Buch weiterzulesen und die kommenden Kapitel zu entdecken, die dir helfen werden, deine eigene Kreativität zu entfesseln. Zusammen werden wir eine Welt der Möglichkeiten erkunden und einen Weg finden, unsere kreativen Träume zu verwirklichen.

Kapitel 2: Die Kraft der Vorstellungskraft

Stell dir vor, du könntest die Grenzen der Realität überschreiten und in eine Welt eintauchen, in der alles möglich ist. Deine Vorstellungskraft ist der Schlüssel, der diese magische Tür öffnet. In diesem Kapitel wollen wir die Kraft der Vorstellungskraft erkunden und wie sie unsere kreative Reise bereichern kann.

Die Vorstellungskraft ist ein Geschenk, das in jedem von uns wohnt. Sie erlaubt uns, jenseits der bekannten Grenzen zu träumen und neue Realitäten zu erschaffen. Sie ist ein Ort der Freiheit, an dem unsere Ideen Flügel bekommen und unsere kühnsten Träume Gestalt annehmen.

Als Kinder waren wir Meister der Vorstellungskraft. Wir konnten uns in fantastische Abenteuer stürzen, Welten erschaffen und uns in faszinierende Charaktere verwandeln. Doch im Laufe der Zeit können wir lernen, unsere Vorstellungskraft zu unterdrücken oder gar zu vergessen. Wir werden von den Anforderungen des Alltags erdrückt und verlieren den Glauben an die Magie, die in uns schlummert.

Doch es ist nie zu spät, die Kraft der Vorstellungskraft wiederzuentdecken. Sie ist wie eine verborgene Schatztruhe, die darauf wartet, geöffnet zu werden. Indem wir uns erlauben, wieder wie ein Kind zu denken und unsere kreativen Muskeln zu dehnen, können wir unsere Vorstellungskraft neu entfachen.

Es gibt viele Wege, die Vorstellungskraft zu nähren. Das Lesen von Büchern, das Anschauen von Filmen oder das Hören von

Musik können uns inspirieren und unsere Gedanken in neue Richtungen lenken. Das Eintauchen in andere Welten, sei es durch Literatur oder Kunst, öffnet unsere Augen für unendliche Möglichkeiten und lässt unsere eigene Vorstellungskraft erblühen.

Aber die wahre Magie der Vorstellungskraft liegt in unserer Fähigkeit, unsere eigenen Geschichten zu erschaffen. Wenn wir uns erlauben, in unsere inneren Welten einzutauchen, können wir uns mit unseren tiefsten Wünschen und Träumen verbinden. Durch das Malen, Schreiben, Tanzen oder Singen können wir unsere kreativen Ausdrucksformen finden und unsere Vorstellungskraft zum Leben erwecken.

Manchmal können Ängste und Zweifel uns davon abhalten, unsere Vorstellungskraft zu nutzen. Doch wir sollten uns daran erinnern, dass die Vorstellungskraft eine Quelle der Stärke ist. Sie erlaubt es uns, unsere Ängste zu überwinden und uns selbst zu befreien. Wenn wir uns erlauben, groß zu träumen und uns vorzustellen, was möglich ist, öffnen wir die Tür zu neuen Horizonten.

In diesem Kapitel lade ich dich ein, in deine eigene Vorstellungskraft einzutauchen und deine kreativen Flügel auszubreiten. Schließe die Augen und stell dir vor, wie du deine kühnsten Träume verwirklichst. Lass dich von deiner inneren Stimme leiten und erlaube dir, wieder wie ein Kind zu denken. Die Kraft der Vorstellungskraft liegt in deinen Händen – nutze sie, um eine Welt der Magie und Kreativität zu erschaffen.

Kapitel 3: Der Tanz der Inspiration

Die Inspiration ist wie ein zarter Tanz, der uns mit Leidenschaft und Begeisterung erfüllt. Sie ist der Funke, der unsere Kreativität entfacht und uns antreibt, unsere besten Ideen zu verwirklichen. In diesem Kapitel wollen wir den Tanz der Inspiration erforschen und wie wir sie in unser Leben einladen können.

Die Inspiration kann aus den unerwartetsten Quellen kommen. Sie kann uns beim Anblick eines wunderschönen Sonnenuntergangs überfluten oder uns von einem fesselnden Gespräch mit einem Freund mitreißen. Manchmal entdecken wir sie in den Worten eines inspirierenden Buches oder in den Klängen einer berührenden Musik.

Der Schlüssel zur Inspiration liegt darin, offen zu sein und die Welt um uns herum bewusst wahrzunehmen. Es geht darum, unsere Sinne zu schärfen und unsere Aufmerksamkeit auf die kleinen Details zu lenken. Indem wir achtsam sind und uns erlauben, uns von unserer Umgebung berühren zu lassen, öffnen wir uns für die Schönheit und die Geheimnisse, die uns umgeben.

Es gibt keine festen Regeln, wie die Inspiration zu uns kommen wird. Sie ist ein frei fließender Strom, der uns jederzeit erreichen kann. Manchmal müssen wir uns einfach die Zeit nehmen, still zu werden und dem Flüstern der Inspiration zu lauschen. In diesen Momenten können wir spüren, wie die

Ideen aufblühen und wie eine Welle der Kreativität uns überwältigt.

Doch die Inspiration allein reicht nicht aus. Wir müssen sie einfangen und in Handlungen umsetzen. Sie kann flüchtig sein und uns entgleiten, wenn wir sie nicht festhalten. Es ist wichtig, dass wir uns erlauben, die Inspiration zu greifen und sie in unsere kreativen Projekte zu lenken. Sei es durch das Aufschreiben von Gedanken, das Skizzieren von Ideen oder das Aufnehmen von Melodien – die Umsetzung der Inspiration ist entscheidend.

Manchmal können wir uns in einer kreativen Blockade befinden und die Inspiration scheint uns zu entkommen. Doch auch in diesen Momenten können wir Wege finden, sie wiederzufinden. Indem wir uns erlauben, neue Wege zu gehen, unsere Routine zu durchbrechen und uns mit anderen kreativen Menschen auszutauschen, können wir die Blockade überwinden und den Tanz der Inspiration wieder aufnehmen.

In diesem Kapitel lade ich dich ein, dich von der Kraft der Inspiration mitreißen zu lassen. Öffne dich für die Schönheit und die Wunder der Welt um dich herum. Lass dich von den kleinen Momenten des Staunens und der Begeisterung berühren. Halte die Inspiration fest, wenn sie dich besucht, und tanze mit ihr den Tanz der Kreativität.

Kapitel 4: Die Magie des Experimentierens

Die Magie des Experimentierens liegt in der Fähigkeit, uns dem Unbekannten hinzugeben und neue Wege zu erkunden. Es ist der Akt des spielerischen Entdeckens und des Eröffnens von Möglichkeiten. In diesem Kapitel wollen wir die Magie des Experimentierens erkunden und wie sie uns dabei unterstützt, unsere kreativen Flügel auszubreiten.

Das Experimentieren erlaubt es uns, aus unserer Komfortzone auszubrechen und uns auf unbekanntes Terrain zu begeben. Es ist die Kraft, die es uns ermöglicht, unsere Grenzen zu erweitern und neue Facetten unserer Kreativität zu entdecken. Wenn wir uns dem Experimentieren hingeben, öffnen wir uns für unerwartete Ergebnisse und unvorhergesehene Inspiration.

Das Experimentieren erfordert Mut. Es erfordert, dass wir uns von Perfektionismus und Kontrolle lösen und uns dem Fluss des Prozesses hingeben. Doch inmitten des Experimentierens liegt eine große Freiheit. Es ist die Freiheit, Fehler zu machen, aus ihnen zu lernen und unsere Kreativität auf eine spielerische Art und Weise zum Ausdruck zu bringen. Das Experimentieren erlaubt es uns, uns selbst zu überraschen und neue Ebenen der kreativen Entfaltung zu erreichen.

Es gibt Zeiten, in denen das Experimentieren uns Angst macht. Wir fürchten uns davor, zu scheitern oder uns lächerlich zu machen. Doch in diesen Momenten ist es wichtig, sich an die Magie des Experimentierens zu erinnern. Lass die Magie dich leiten und dich daran erinnern, dass das Experimentieren eine

Quelle des Wachstums und der Selbstentdeckung ist. Denn inmitten des Experimentierens liegt die Kraft, deine kreativen Flügel vollständig auszubreiten und deine Einzigartigkeit zum Ausdruck zu bringen.

In diesem Kapitel lade ich dich ein, die Magie des Experimentierens zu umarmen. Erlaube dir, dich dem Unbekannten hinzugeben und neue Wege zu erkunden. Lass die Freude des spielerischen Entdeckens dich erfüllen und erlaube dir, aus deinen Experimenten zu lernen. Vertraue darauf, dass das Experimentieren dich zu neuen kreativen Höhen führt und deine Kreativität auf eine einzigartige Art und Weise zum Ausdruck bringt. Denn inmitten des Experimentierens liegt die Kraft, deine kreativen Flügel vollständig auszubreiten und deine wahre Magie zu entfalten.

Kapitel 5: Die Befreiung des Denkens

Die Befreiung des Denkens liegt in der Fähigkeit, über begrenzende Denkmuster hinauszugehen und neue Perspektiven einzunehmen. Es ist der Akt des Loslassens von festgefahrenen Überzeugungen und des Öffnens für neue Ideen. In diesem Kapitel wollen wir die Befreiung des Denkens erkunden und wie sie uns dabei unterstützt, unsere kreativen Flügel auszubreiten.

Oft sind wir in unseren Denkmustern gefangen. Wir halten uns an Gewohnheiten fest und denken in begrenzten Mustern. Doch inmitten der Befreiung des Denkens liegt eine große Weite. Es ist die Freiheit, neue Horizonte zu erkunden und unsere Denkgrenzen zu überschreiten. Wenn wir uns erlauben, unser Denken zu befreien, öffnen wir uns für unendliche Möglichkeiten und neue Lösungsansätze.

Die Befreiung des Denkens erfordert Mut. Es erfordert, dass wir uns von alten Überzeugungen und gesellschaftlichen Normen lösen und unsere eigene Wahrheit erkunden. Doch inmitten der Befreiung des Denkens liegt eine tiefe Befriedigung. Es ist die Befriedigung, die entsteht, wenn wir unsere Denkmuster erweitern und neue Denkräume betreten. Die Befreiung des Denkens erlaubt es uns, unsere kreative Intelligenz zu entfesseln und neue Erkenntnisse zu gewinnen.

Es gibt Zeiten, in denen die Befreiung des Denkens uns Angst macht. Wir fürchten uns vor dem Unbekannten und davor, unsere Komfortzone zu verlassen. Doch in diesen Momenten ist es wichtig, sich an die Befreiung des Denkens zu erinnern. Lass die Befreiung dich leiten und dich daran erinnern, dass das Denken eine Quelle der Expansion und der persönlichen Entfaltung ist. Denn inmitten der Befreiung des Denkens liegt die Kraft, deine kreativen Flügel vollständig auszubreiten und deine Gedanken in die Welt zu tragen.

In diesem Kapitel lade ich dich ein, die Befreiung des Denkens zu umarmen. Erlaube dir, alte Denkmuster loszulassen und neue Perspektiven einzunehmen. Öffne dich für neue Ideen und erlaube deinem Denken, frei zu fließen. Vertraue darauf, dass die Befreiung des Denkens dich zu neuen Erkenntnissen und zur Entdeckung deiner wahren kreativen Essenz führt. Denn inmitten der Befreiung des Denkens liegt die Kraft, deine kreativen Flügel vollständig auszubreiten und deine Einzigartigkeit in die Welt zu tragen.

Kapitel 6: Die Kunst der Beobachtung

Die Kunst der Beobachtung liegt in der Fähigkeit, den Moment bewusst wahrzunehmen und die Welt um uns herum mit offenen Sinnen zu erkunden. Es ist der Akt des Eintauchens in die Details und der Anerkennung der Schönheit im Alltäglichen. In diesem Kapitel wollen wir die Kunst der Beobachtung erkunden und wie sie uns dabei unterstützt, unsere kreativen Flügel auszubreiten.

Oft eilen wir durch das Leben, ohne uns die Zeit zu nehmen, bewusst hinzuschauen und zuzuhören. Wir übersehen die kleinen Wunder, die uns umgeben, und verpassen die subtilen Nuancen des Lebens. Doch inmitten der Kunst der Beobachtung liegt eine tiefe Erfüllung. Es ist die Erfüllung, die entsteht, wenn wir uns erlauben, den Moment vollständig zu erfassen und uns mit der Schönheit der Welt zu verbinden.

Die Kunst der Beobachtung erfordert Achtsamkeit. Es erfordert, dass wir aus unserem Autopilot-Modus aussteigen und uns bewusst dem gegenwärtigen Moment zuwenden. Doch inmitten der Kunst der Beobachtung liegt eine große Belohnung. Es ist die Belohnung, die entsteht, wenn wir die kleinen Details bemerken, die uns umgeben, und uns mit dem Leben in seiner ganzen Fülle verbinden. Die Kunst der Beobachtung erlaubt es uns, unsere Sinne zu schärfen und uns für neue Inspirationen zu öffnen.

Es gibt Zeiten, in denen die Kunst der Beobachtung uns schwerfällt. Wir sind abgelenkt, gestresst oder in Gedanken versunken. Doch in diesen Momenten ist es wichtig, sich an die Kunst der Beobachtung zu erinnern. Lass die Kunst dich leiten und dich daran erinnern, dass das bewusste Beobachten eine Quelle der Inspiration und der tiefen Verbundenheit ist. Denn inmitten der Kunst der Beobachtung liegt die Kraft, deine kreativen Flügel vollständig auszubreiten und die Schönheit des Lebens zu feiern.

In diesem Kapitel lade ich dich ein, die Kunst der Beobachtung zu umarmen. Erlaube dir, den Moment bewusst wahrzunehmen und dich mit der Welt um dich herum zu verbinden. Öffne deine Sinne und erlaube ihnen, dich mit neuer Inspiration zu erfüllen. Vertraue darauf, dass die Kunst der Beobachtung dich zu einem tieferen Verständnis der Welt und zu einer erweiterten Wahrnehmung deiner eigenen Kreativität führt. Denn inmitten der Kunst der Beobachtung liegt die Kraft, deine kreativen Flügel vollständig auszubreiten und deine Einzigartigkeit in die Welt zu bringen.

Kapitel 7: Der Fluss des Ausdrucks

Der Fluss des Ausdrucks liegt in der Fähigkeit, uns frei und authentisch durch kreative Medien auszudrücken. Es ist der Akt des Loslassens von Hemmungen und des Hervorbringens unserer inneren Welt. In diesem Kapitel wollen wir den Fluss des Ausdrucks erkunden und wie er uns dabei unterstützt, unsere kreativen Flügel auszubreiten.

Oft halten wir uns zurück, aus Angst vor Urteilen oder Selbstzweifeln. Wir zensieren uns selbst und unterdrücken unsere wahren Gefühle und Gedanken. Doch inmitten des Flusses des Ausdrucks liegt eine große Befreiung. Es ist die Befreiung, die entsteht, wenn wir uns erlauben, unsere einzigartige Stimme zum Ausdruck zu bringen und unsere innersten Emotionen und Ideen mit der Welt zu teilen.

Der Fluss des Ausdrucks erfordert Verletzlichkeit. Es erfordert, dass wir uns von der Furcht vor Ablehnung und Kritik lösen und uns erlauben, uns authentisch zu zeigen. Doch inmitten des Flusses des Ausdrucks liegt eine tiefe Erfüllung. Es ist die Erfüllung, die entsteht, wenn wir uns erlauben, unsere kreative Energie ungehindert fließen zu lassen und unsere einzigartige Perspektive auf die Welt zum Ausdruck zu bringen. Der Fluss des Ausdrucks erlaubt es uns, uns selbst zu entdecken und eine Verbindung zu anderen Menschen auf einer tiefen emotionalen Ebene herzustellen.

Es gibt Zeiten, in denen der Fluss des Ausdrucks uns Angst macht. Wir fürchten uns davor, verletzlich zu sein oder nicht verstanden zu werden. Doch in diesen Momenten ist es wichtig, sich an den Fluss des Ausdrucks zu erinnern. Lass den Fluss dich leiten und dich daran erinnern, dass das authentische Ausdrücken eine Quelle der Befreiung und der tiefen Verbindung ist. Denn inmitten des Flusses des Ausdrucks liegt die Kraft, deine kreativen Flügel vollständig auszubreiten und deine einzigartige Stimme in die Welt zu tragen.

In diesem Kapitel lade ich dich ein, den Fluss des Ausdrucks zu umarmen. Erlaube dir, dich frei und authentisch durch kreative Medien auszudrücken. Lass deine einzigartige Stimme erklingen und erlaube deinen Emotionen und Ideen, einen Kanal zu finden. Vertraue darauf, dass der Fluss des Ausdrucks dich zu einer tiefen Verbindung mit dir selbst und anderen Menschen führt. Denn inmitten des Flusses des Ausdrucks liegt die Kraft, deine kreativen Flügel vollständig auszubreiten und deine wahre Essenz in die Welt zu tragen.

Kapitel 8: Die Macht der Emotionen

Die Macht der Emotionen liegt in ihrer Fähigkeit, uns tief zu berühren und unsere kreative Schaffenskraft zu entfachen. Emotionen sind der Treibstoff, der unsere Kreativität befeuert und uns erlaubt, uns mit unserer innersten Essenz zu verbinden. In diesem Kapitel wollen wir die Macht der Emotionen erkunden und wie sie uns dabei unterstützt, unsere kreativen Flügel auszubreiten.

Emotionen sind der Schlüssel zu einer tiefen Verbindung mit uns selbst und anderen Menschen. Sie ermöglichen es uns, unsere Erfahrungen auf einer emotionalen Ebene zu verarbeiten und unsere innersten Gefühle zum Ausdruck zu bringen. Die Macht der Emotionen liegt in ihrer Fähigkeit, uns zu inspirieren und unsere Kreativität auf eine authentische und tiefgründige Weise zu kanalisieren.

Jede Emotion hat ihre eigene Schönheit und Bedeutung. Freude lässt uns strahlen und unsere Herzen öffnen. Trauer erlaubt es uns, zu heilen und tiefe Empathie zu empfinden. Wut treibt uns an, Ungerechtigkeit zu bekämpfen und Veränderungen herbeizuführen. Inmitten der Macht der Emotionen liegt eine große Vielfalt und Tiefe. Es ist die Vielfalt, die es uns ermöglicht, eine breite Palette von Gefühlen zu erkunden und sie in unserer kreativen Arbeit zum Ausdruck zu bringen.

Die Macht der Emotionen erfordert Mut. Es erfordert, dass wir uns erlauben, verletzlich zu sein und uns unseren tiefsten Gefühlen zu öffnen. Doch inmitten der Macht der Emotionen liegt eine große Befreiung. Es ist die Befreiung, die entsteht, wenn wir uns erlauben, unsere Emotionen vollständig zu fühlen und ihnen Ausdruck zu verleihen. Die Macht der Emotionen erlaubt es uns, uns selbst zu akzeptieren und uns auf einer tieferen Ebene mit unserer Kreativität zu verbinden.

Es gibt Zeiten, in denen die Macht der Emotionen uns Angst macht. Wir fürchten uns davor, von unseren Emotionen überwältigt zu werden oder sie nicht kontrollieren zu können. Doch in diesen Momenten ist es wichtig, sich an die Macht der Emotionen zu erinnern. Lass die Macht dich leiten und dich daran erinnern, dass die Emotionen eine Quelle der Kraft und der tiefen Verbundenheit sind. Denn inmitten der Macht der Emotionen liegt die Kraft, deine kreativen Flügel vollständig auszubreiten und deine innersten Gefühle in die Welt zu tragen.

In diesem Kapitel lade ich dich ein, die Macht der Emotionen zu umarmen. Erlaube dir, dich mit deinen Emotionen zu verbinden und ihnen Ausdruck zu verleihen. Lass dich von der Vielfalt deiner Gefühle inspirieren und erlaube ihnen, deine kreative Schaffenskraft zu entfachen. Vertraue darauf, dass die Macht der Emotionen dich zu einer tiefen Verbindung mit dir selbst und anderen Menschen führt. Denn inmitten der Macht der Emotionen liegt die Kraft, deine kreativen Flügel vollständig auszubreiten und deine einzigartige emotionale Essenz in die Welt zu tragen.

Die Grenzen des Verstandes sind wie unsichtbare Mauern, die unsere Kreativität einschränken. Es sind die Barrieren, die uns daran hindern, unsere Vorstellungskraft zu entfalten und neue Möglichkeiten zu entdecken. In diesem Kapitel wollen wir die Grenzen des Verstandes erkunden und wie wir über sie hinauswachsen können, um unsere kreativen Flügel vollständig auszubreiten.

Der Verstand ist ein mächtiges Werkzeug, aber er hat seine Grenzen. Er neigt dazu, uns in bekannten Denkmustern gefangen zu halten und uns davon abzuhalten, neue Wege zu erkunden. Doch inmitten der Grenzen des Verstandes liegt eine große Chance. Es ist die Chance, unsere Begrenzungen zu erkennen und zu hinterfragen, um unseren kreativen Geist zu befreien.

Die Grenzen des Verstandes erfordern Neugierde. Sie erfordern, dass wir uns von festgefahrenen Überzeugungen lösen und uns für neue Perspektiven öffnen. Denn inmitten der Grenzen des Verstandes liegt die Möglichkeit, unsere Vorstellungskraft zu erweitern und unkonventionelle Lösungsansätze zu finden.

Es gibt Zeiten, in denen uns die Grenzen des Verstandes frustrieren. Wir fühlen uns in unseren Denkmustern gefangen und können keinen Ausweg finden. Doch in diesen Momenten ist es wichtig, sich an die Grenzen des Verstandes zu erinnern. Lass die Grenzen dich leiten und dich daran erinnern, dass es jenseits des Verstandes eine unendliche Welt der Kreativität gibt. Denn inmitten der Grenzen des Verstandes liegt die Kraft, deine kreativen Flügel vollständig auszubreiten und neue Horizonte zu entdecken.

In diesem Kapitel lade ich dich ein, die Grenzen des Verstandes zu überschreiten. Erlaube dir, über das Bekannte hinauszugehen und neue Denkweisen zu erkunden. Lass deine Neugierde dich führen und erlaube dir, dich von festgefahrenen Überzeugungen zu lösen. Vertraue darauf, dass jenseits der Grenzen des Verstandes eine Welt voller unbegrenzter Kreativität auf dich wartet. Denn inmitten der Grenzen des Verstandes liegt die Kraft, deine kreativen Flügel vollständig auszubreiten und deine Einzigartigkeit in die Welt zu bringen.

Kapitel 10: Der Mut zur Andersartigkeit

Der Mut zur Andersartigkeit liegt in der Fähigkeit, sich von der Masse abzuheben und seine eigene kreative Stimme zu finden. Es ist der Akt des Mutigseins, sich selbst zu sein und die Einzigartigkeit zu umarmen, die uns auszeichnet. In diesem Kapitel wollen wir den Mut zur Andersartigkeit erkunden und wie er uns dabei unterstützt, unsere kreativen Flügel auszubreiten.

Oft fühlen wir uns unter Druck gesetzt, uns anzupassen und den Erwartungen anderer gerecht zu werden. Doch inmitten des Mutes zur Andersartigkeit liegt eine große Freiheit. Es ist die Freiheit, uns selbst zu entfalten und unseren eigenen kreativen Weg zu gehen.

Der Mut zur Andersartigkeit erfordert Selbstvertrauen. Er erfordert, dass wir uns von Vergleichen und Urteilen lösen und uns selbst vollkommen akzeptieren. Denn inmitten des Mutes zur Andersartigkeit liegt die Kraft, unsere Einzigartigkeit zu umarmen und unsere kreative Energie auf einzigartige Weise zum Ausdruck zu bringen.

Es gibt Zeiten, in denen uns der Mut zur Andersartigkeit Angst macht. Wir fürchten uns davor, abgelehnt oder nicht verstanden zu werden. Doch in diesen Momenten ist es wichtig, sich an den Mut zur Andersartigkeit zu erinnern. Lass den Mut dich leiten und dich daran erinnern, dass deine Einzigartigkeit eine wertvolle Gabe ist. Denn inmitten des Mutes zur Andersartigkeit liegt die Kraft, deine kreativen Flügel vollständig auszubreiten und deine wahre Essenz in die Welt zu tragen.

In diesem Kapitel lade ich dich ein, den Mut zur Andersartigkeit zu umarmen. Erlaube dir, deine Einzigartigkeit zu feiern und dich von den Erwartungen anderer zu lösen. Lass den Mut dich führen und erlaube dir, deine kreative Stimme frei zum Ausdruck zu bringen. Vertraue darauf, dass der Mut zur Andersartigkeit dich zu einer tiefen Verbindung mit deinem wahren Selbst und anderen Menschen führt. Denn inmitten des Mutes zur Andersartigkeit liegt die Kraft, deine kreativen Flügel vollständig auszubreiten und deine Einzigartigkeit strahlen zu lassen.

Kapitel 11: Die Balance zwischen Struktur und Chaos

Die Balance zwischen Struktur und Chaos ist ein Tanz der Gegensätze. Es ist das Streben nach Ordnung und gleichzeitig das Zulassen von Spontaneität und Kreativität. In diesem Kapitel wollen wir die Balance zwischen Struktur und Chaos erforschen und wie sie uns dabei unterstützt, unsere kreativen Flügel vollständig auszubreiten.

Die Balance zwischen Struktur und Chaos erfordert Gelassenheit. Sie erfordert, dass wir uns sowohl auf den klaren Pfaden der Organisation bewegen als auch den wilden Strömen der Inspiration folgen können. Denn inmitten der Balance zwischen Struktur und Chaos liegt die Kraft, unsere kreative Energie zu kanalisieren und gleichzeitig Raum für unerwartete Wendungen und kreative Durchbrüche zu schaffen.

Es gibt Zeiten, in denen uns die Balance zwischen Struktur und Chaos herausfordern kann. Wir können uns in starren Strukturen verfangen oder uns in einem überwältigenden Chaos verlieren. Doch in diesen Momenten ist es wichtig, sich an die Balance zwischen Struktur und Chaos zu erinnern. Lass die Balance dich leiten und dich daran erinnern, dass du die Fähigkeit hast, sowohl die Ordnung zu schätzen als auch die kreative Unordnung zu umarmen. Denn inmitten der Balance zwischen Struktur und Chaos liegt die Kraft, deine kreativen Flügel vollständig auszubreiten und eine harmonische Verbindung zwischen Planung und Flexibilität zu finden.

In diesem Kapitel lade ich dich ein, die Balance zwischen Struktur und Chaos bewusst zu erkunden. Finde deinen eigenen Weg, um Ordnung und Flexibilität in Einklang zu bringen. Lass die Balance dich führen und erlaube dir, in einem ausgewogenen Zusammenspiel von Struktur und Chaos deine kreativen Potenziale vollständig zu entfalten. Vertraue darauf, dass die Balance zwischen Struktur und Chaos dich mit Stabilität, Freiheit und einer tieferen Verbindung zu deiner kreativen Essenz belohnt.

Kapitel 12: Die Verbindung von Kreativität und Technologie

Die Verbindung von Kreativität und Technologie ist eine faszinierende Symbiose. Es ist die Verschmelzung von menschlicher Schöpferkraft mit den Möglichkeiten, die uns die moderne Technologie bietet. In diesem Kapitel wollen wir die Verbindung von Kreativität und Technologie erforschen und wie sie uns dabei unterstützt, unsere kreativen Flügel vollständig auszubreiten.

Technologie hat die Welt verändert und unsere kreativen Möglichkeiten erweitert. Sie bietet uns Werkzeuge und Plattformen, um unsere Ideen zu verwirklichen und unsere kreative Vision der Welt mitzuteilen. Doch inmitten der Verbindung von Kreativität und Technologie liegt eine tiefe Verantwortung. Es ist die Verantwortung, die Technologie bewusst und sorgfältig einzusetzen, um unsere kreativen Ausdrucksformen zu unterstützen und nicht zu dominieren.

Die Verbindung von Kreativität und Technologie erfordert eine ausgewogene Herangehensweise. Sie erfordert, dass wir die Möglichkeiten der Technologie nutzen, um unsere Kreativität zu stärken, aber gleichzeitig unsere Menschlichkeit bewahren. Denn inmitten der Verbindung von Kreativität und Technologie liegt die Kraft, unsere kreativen Flügel vollständig auszubreiten und unsere kreative Vision mit der Welt zu teilen.

Es gibt Zeiten, in denen uns die Verbindung von Kreativität und Technologie überwältigen kann. Wir können uns von den unendlichen Möglichkeiten der digitalen Welt überfordert fühlen oder unsere kreative Integrität bedroht sehen. Doch in diesen Momenten ist es wichtig, sich an die Verbindung von Kreativität und Technologie zu erinnern. Lass die Verbindung dich leiten und dich daran erinnern, dass du die Kontrolle über die Technologie hast und nicht umgekehrt. Denn inmitten der Verbindung von Kreativität und Technologie liegt die Kraft, deine kreativen Flügel vollständig auszubreiten und deine einzigartige kreative Stimme mit der Welt zu teilen.

In diesem Kapitel lade ich dich ein, die Verbindung von Kreativität und Technologie bewusst zu erkunden. Nutze die Möglichkeiten der Technologie, um deine kreative Vision zu verwirklichen, aber vergiss dabei nicht, deine Menschlichkeit zu bewahren. Lass die Verbindung dich führen und erlaube dir, deine kreative Stimme in der digitalen Welt kraftvoll zum Ausdruck zu bringen. Vertraue darauf, dass die Verbindung von Kreativität und Technologie dich zu neuen Horizonten führt und deine einzigartige kreative Essenz mit der Welt teilt.

Kapitel 13: Die Heilung durch Kreativität

Die Heilung durch Kreativität ist eine wundervolle Reise zu uns selbst. Es ist der Akt des kreativen Ausdrucks, der uns dabei unterstützt, unsere Wunden zu heilen, uns mit unserer inneren Weisheit zu verbinden und unsere emotionale Balance wiederherzustellen. In diesem Kapitel wollen wir die Heilung durch Kreativität erforschen und wie sie uns dabei unterstützt, unsere kreativen Flügel vollständig auszubreiten.

Kreativität hat eine transformative Kraft. Sie ermöglicht uns, unsere tiefsten Emotionen, Gedanken und Erfahrungen auf künstlerische Weise auszudrücken. Sie schafft einen Raum, in dem wir uns selbst erkunden und unsere inneren Verletzungen heilen können. Doch inmitten der Heilung durch Kreativität liegt eine große Verletzlichkeit. Es ist die Verletzlichkeit, sich den eigenen Schmerzen und Traumata zu öffnen und sie durch den kreativen Ausdruck zu transformieren.

Die Heilung durch Kreativität erfordert Mut. Sie erfordert, dass wir uns erlauben, unsere tiefsten Wunden anzuschauen und uns durch den kreativen Prozess zu befreien. Denn inmitten der Heilung durch Kreativität liegt die Kraft, unsere kreativen Flügel vollständig auszubreiten und unsere innere Heilung zu erfahren.

Es gibt Zeiten, in denen uns die Heilung durch Kreativität herausfordern kann. Wir können uns mit unseren eigenen Schatten konfrontiert fühlen oder Ängste und Unsicherheiten beim kreativen Ausdruck erleben. Doch in diesen Momenten ist es wichtig, sich an die Heilung durch Kreativität zu erinnern.

Lass die Heilung dich leiten und dich daran erinnern, dass der kreative Ausdruck ein kraftvolles Werkzeug zur Transformation und Selbstheilung ist. Denn inmitten der Heilung durch Kreativität liegt die Kraft, deine kreativen Flügel vollständig auszubreiten und deine innere Heilung zu erfahren.

In diesem Kapitel lade ich dich ein, die Heilung durch Kreativität zu erforschen. Öffne dich für den kreativen Ausdruck und erlaube dir, deine tiefsten Emotionen und Erfahrungen durch Kunst, Schreiben oder andere kreative Medien zu transformieren. Lass die Heilung dich führen und erlaube dir, deine innere Heilung zu erfahren und deine kreative Stimme kraftvoll zum Ausdruck zu bringen. Vertraue darauf, dass die Heilung durch Kreativität dich auf deinem Weg zu tiefer Selbstakzeptanz und innerem Wachstum unterstützt.

Kapitel 14: Die Kreativität im Alltag

Die Kreativität im Alltag ist wie ein zarter Tanz, der uns in jedem Moment begleitet. Es ist die Fähigkeit, in den kleinen Dingen des Lebens Schönheit, Inspiration und kreative Möglichkeiten zu entdecken. In diesem Kapitel wollen wir die Kreativität im Alltag erkunden und wie sie uns dabei unterstützt, unsere kreativen Flügel vollständig auszubreiten.

Oft denken wir, dass Kreativität nur in speziellen Momenten oder bei bestimmten Projekten stattfindet. Doch inmitten der Kreativität im Alltag liegt eine große Wahrheit. Es ist die Wahrheit, dass Kreativität in jedem Augenblick, in jeder Handlung und in jedem Gedanken vorhanden sein kann. Es ist die Fähigkeit, das Gewöhnliche in etwas Außergewöhnliches zu verwandeln und unsere Wahrnehmung zu erweitern.

Die Kreativität im Alltag erfordert Achtsamkeit. Sie erfordert, dass wir uns bewusst mit unserer Umgebung verbinden, die kleinen Details wahrnehmen und offen für neue Perspektiven sind. Denn inmitten der Kreativität im Alltag liegt die Kraft, unsere kreativen Flügel vollständig auszubreiten und das Leben in all seinen Facetten zu genießen.

Es gibt Zeiten, in denen uns die Kreativität im Alltag entgehen kann. Wir können in Routinen gefangen sein oder uns von Stress und Hektik überwältigt fühlen. Doch in diesen Momenten ist es wichtig, sich an die Kreativität im Alltag zu erinnern. Lass die Kreativität dich leiten und dich daran erinnern, dass jeder Moment die Möglichkeit birgt, kreativ zu sein. Denn inmitten der Kreativität im Alltag liegt die Kraft, deine kreativen Flügel vollständig auszubreiten und das Leben in seiner vollen Pracht zu erleben.

In diesem Kapitel lade ich dich ein, die Kreativität im Alltag bewusst zu entdecken. Öffne deine Sinne für die Schönheit um dich herum, sei neugierig auf neue Erfahrungen und erlaube dir, den Alltag mit kreativen Augen zu sehen. Lass die Kreativität dich führen und erlaube dir, in jedem Moment dein kreatives Potenzial zu entfalten. Vertraue darauf, dass die Kreativität im Alltag dich mit Freude, Inspiration und einem tiefen Sinn für das Leben erfüllt.

Kapitel 15: Die Manifestation der Kreativität

Die Manifestation der Kreativität ist wie ein magischer Akt der Erschaffung. Es ist der Prozess, in dem wir unsere kreativen Ideen in die materielle Welt bringen und unsere kreative Vision zum Leben erwecken. In diesem Kapitel wollen wir die Manifestation der Kreativität erforschen und wie sie uns dabei unterstützt, unsere kreativen Flügel vollständig auszubreiten.

Die Manifestation der Kreativität erfordert Entschlossenheit. Sie erfordert, dass wir unseren Träumen und Visionen vertrauen und uns mutig auf den Weg der Umsetzung begeben. Denn inmitten der Manifestation der Kreativität liegt die Kraft, unsere kreativen Flügel vollständig auszubreiten und unsere kreative Vision in die Welt zu tragen.

Es gibt Zeiten, in denen uns die Manifestation der Kreativität herausfordern kann. Wir können Zweifel oder Ängste haben, ob unsere Ideen erfolgreich sein werden oder ob wir genug Talent besitzen. Doch in diesen Momenten ist es wichtig, sich an die Manifestation der Kreativität zu erinnern. Lass die Manifestation dich leiten und dich daran erinnern, dass deine kreativen Ideen einen Wert haben und dass du die Fähigkeit besitzt, sie in die Realität zu bringen. Denn inmitten der Manifestation der Kreativität liegt die Kraft, deine kreativen Flügel vollständig auszubreiten und deine kreative Vision mit der Welt zu teilen.

In diesem Kapitel lade ich dich ein, die Manifestation der Kreativität bewusst zu erleben. Setze deine kreativen Ideen in die Tat um, vertraue auf deine Fähigkeiten und erlaube dir, deine kreative Vision in die Welt zu bringen. Lass die Manifestation dich führen und erlaube dir, deine kreative Stimme kraftvoll zum Ausdruck zu bringen. Vertraue darauf, dass die Manifestation der Kreativität dich mit Erfüllung, Stolz und einem Gefühl von Lebendigkeit belohnt.

Kapitel 16: Die Stimme der Leidenschaft

Die Leidenschaft ist der treibende Motor, der uns antreibt, unsere Träume zu verfolgen und unsere kreativen Ziele zu erreichen. Sie ist das Feuer, das in unseren Herzen brennt und uns die Energie gibt, Hindernisse zu überwinden und unsere Grenzen zu sprengen. In diesem Kapitel wollen wir die Stimme der Leidenschaft erkunden und wie sie uns zu kreativen Höhenflügen verhelfen kann.

Die Leidenschaft ist wie ein starker Wind, der unsere Segel füllt und uns vorantreibt. Sie ist das Gefühl von Begeisterung und Hingabe, das uns antreibt, selbst in schwierigen Zeiten weiterzumachen. Wenn wir unsere Leidenschaft entdecken und ihr folgen, öffnen sich Türen und neue Möglichkeiten eröffnen sich.

Die Stimme der Leidenschaft ist tief in uns verwurzelt. Sie spricht zu uns in Momenten der Begeisterung, wenn wir in unserem Element sind und uns vollkommen lebendig fühlen. Es ist diese innere Stimme, die uns sagt, dass wir auf dem richtigen Weg sind, dass wir unsere wahren Leidenschaften verfolgen.

Manchmal kann es jedoch eine Herausforderung sein, unsere Leidenschaft zu finden oder ihr zu folgen. Wir können von Ängsten und Zweifeln geplagt sein, die uns davon abhalten, unsere Leidenschaft zu erkennen oder ihr nachzugehen. Doch in solchen Momenten ist es wichtig, unsere innere Stimme zu hören und ihr zu vertrauen.

Die Leidenschaft kann uns dazu bringen, über uns selbst hinauszuwachsen und uns mit einer tieferen Bedeutung und Erfüllung zu erfüllen. Sie ist der Antrieb, der uns dazu bringt, hart zu arbeiten, Hindernisse zu überwinden und unsere kreativen Ziele zu erreichen. Indem wir unserer Leidenschaft Raum geben und sie in unser Leben integrieren, können wir ein erfülltes und inspiriertes Leben führen.

Die Stimme der Leidenschaft ruft uns dazu auf, unsere kreativen Träume zu verfolgen und unserem Herzen zu folgen. Sie ermutigt uns, mutig zu sein, Risiken einzugehen und uns selbst treu zu bleiben. Indem wir unserer Leidenschaft Ausdruck verleihen und sie in unsere kreativen Projekte einfließen lassen, können wir eine tiefe Verbindung zu unserer Arbeit und zu uns selbst herstellen.

Manchmal kann die Leidenschaft uns auch an unsere Grenzen führen. Sie kann uns dazu bringen, uns zu verausgaben oder uns überfordert fühlen zu lassen. In solchen Momenten ist es wichtig, auf uns selbst Acht zu geben und uns Auszeiten zu nehmen. Die Balance zwischen Leidenschaft und Selbstfürsorge zu finden, ist von großer Bedeutung, um langfristig inspiriert und kreativ zu bleiben.

In diesem Kapitel lade ich dich ein, die Stimme deiner Leidenschaft zu hören und ihr zu folgen. Lass dich von der Energie und Begeisterung, die sie in dir entfacht, leiten. Vertraue auf deine inneren Antriebe und sei bereit, Risiken einzugehen, um deine kreativen Träume zu verwirklichen. Die

Stimme der Leidenschaft wird dich auf eine Reise führen, die dich zu unvorstellbaren Höhenflügen der Kreativität führt.

Kapitel 17: Die Schönheit des Scheiterns

Das Scheitern ist ein unvermeidlicher Teil unseres kreativen Weges. Es ist die bittere Süße der Niederlage, die uns demütigt und doch auch lehrt. In diesem Kapitel wollen wir die Schönheit des Scheiterns erkunden und wie es uns letztendlich zu neuen Höhen und Erkenntnissen führen kann.

Das Scheitern kann schmerzhaft sein. Es kann uns in tiefe Verzweiflung stürzen und uns zweifeln lassen. Doch inmitten des Scheiterns liegt eine kostbare Lektion: die Lektion des Wachstums und der Resilienz. Es ist durch das Scheitern, dass wir uns selbst besser kennenlernen und unsere Fähigkeiten weiterentwickeln können.

Jeder große Künstler, jeder visionäre Denker ist durch das Scheitern gegangen. Es sind die Rückschläge und Misserfolge, die uns formen und unseren Weg zum Erfolg ebnen. Denn aus dem Scheitern lernen wir, wie wir uns verbessern können, wie wir unsere Schwächen überwinden und wie wir uns selbst wieder aufrichten können, wenn wir gefallen sind.

Das Scheitern eröffnet uns neue Perspektiven. Es zwingt uns, unsere Annahmen und Herangehensweisen zu überdenken. Es lässt uns alternative Wege und Lösungen erkunden, die wir zuvor vielleicht übersehen haben. Indem wir uns dem Scheitern öffnen und es als eine Chance zum Lernen und Wachsen betrachten, können wir unsere kreative Reise transformieren.

Es ist wichtig, das Scheitern nicht als endgültiges Urteil über unsere Fähigkeiten zu betrachten. Vielmehr sollten wir es als einen temporären Rückschlag sehen, der uns die Möglichkeit gibt, uns neu zu erfinden und unsere Strategien anzupassen. Jedes Scheitern ist ein Schritt näher an der Meisterschaft, wenn wir uns erlauben, daraus zu lernen und wieder aufzustehen.

Die Schönheit des Scheiterns liegt in der Menschlichkeit, die es uns verleiht. Es erinnert uns daran, dass wir alle Fehler machen und dass Perfektion eine Illusion ist. Das Scheitern bringt uns näher zusammen, da es uns zeigt, dass wir nicht allein sind in unseren Herausforderungen und dass wir gemeinsam wachsen und uns gegenseitig unterstützen können.

In diesem Kapitel lade ich dich ein, das Scheitern als einen Teil deiner kreativen Reise anzunehmen. Erlaube dir, aus Fehlern zu lernen und dich von Rückschlägen nicht entmutigen zu lassen. Nutze das Scheitern als eine Quelle der Inspiration und des Wachstums. Denn inmitten des Scheiterns liegt die Möglichkeit, über uns selbst hinauszuwachsen und wahre kreative Durchbrüche zu erleben.

Kapitel 18: Die Macht des Loslassens

Das Loslassen ist eine transformative Kraft, die uns erlaubt, uns von Vergangenem zu befreien und Raum für Neues zu schaffen. Es ist der Akt des Vertrauens und des Hingebens, der uns erlaubt, uns von alten Vorstellungen, Ängsten und Begrenzungen zu lösen. In diesem Kapitel wollen wir die Macht des Loslassens erkunden und wie es uns zu einer tieferen kreativen Freiheit führen kann.

Das Loslassen bedeutet, dass wir uns von dem Ballast befreien, der uns daran hindert, unser volles Potenzial zu entfalten. Es kann bedeuten, alte Überzeugungen und Denkmuster loszulassen, die uns limitieren, oder uns von negativen Erfahrungen oder Menschen zu distanzieren, die uns nicht mehr dienlich sind. Es ist ein Akt der Selbstbefreiung und des Vertrauens in den Fluss des Lebens.

Es kann beängstigend sein, loszulassen. Es erfordert Mut und Verletzlichkeit, sich dem Unbekannten hinzugeben und sich von Sicherheiten zu lösen. Doch im Loslassen liegt auch eine unglaubliche Freiheit und ein Gefühl der Leichtigkeit. Es eröffnet uns neue Möglichkeiten und erlaubt uns, uns selbst auf eine tiefere Ebene zu entdecken.

Das Loslassen ist ein Prozess, der Zeit und Geduld erfordert. Es bedeutet, sich bewusst zu machen, was uns zurückhält, und aktiv daran zu arbeiten, diese Fesseln zu lösen. Es kann bedeuten, alte Gewohnheiten zu durchbrechen, sich von

Erwartungen zu lösen und uns selbst zu erlauben, authentisch und frei zu sein.

Indem wir loslassen, schaffen wir Raum für Neues. Wir öffnen uns für neue Ideen, Inspirationen und Möglichkeiten. Wir geben uns selbst die Erlaubnis, uns weiterzuentwickeln und unsere kreativen Grenzen zu erweitern. Das Loslassen ermöglicht es uns, uns flexibel und anpassungsfähig zu zeigen, um den Wandel und die Veränderungen, die das Leben mit sich bringt, zu umarmen.

Das Loslassen befreit uns von der Last des Perfektionismus und der Selbstkritik. Es erlaubt uns, uns selbst mit Mitgefühl und Akzeptanz zu begegnen und uns Raum für Wachstum und Fehler zu geben. Es eröffnet uns die Möglichkeit, unser volles kreatives Potenzial zu entfalten, ohne uns von unrealistischen Standards einschränken zu lassen.

In diesem Kapitel lade ich dich ein, dich dem Prozess des Loslassens hinzugeben. Erlaube dir, dich von dem zu befreien, was dich zurückhält, sei es Angst, Zweifel oder alte Überzeugungen. Vertraue auf den Fluss des Lebens und sei bereit, dich dem Unbekannten hinzugeben. Denn inmitten des Loslassens liegt die Macht, dich selbst zu entfalten und eine kreative Freiheit zu erleben, die du dir nie hättest vorstellen können.

Kapitel 19: Die Magie des Loslassens

Das Loslassen ist eine kunstvolle Magie, die uns ermöglicht, Platz für Neues zu schaffen. Es ist der Akt des Freigebens von Vergangenem, das uns nicht länger dient, und das Öffnen für das Unbekannte. In diesem Kapitel wollen wir die Magie des Loslassens erkunden und wie sie uns dabei unterstützt, unsere kreativen Flügel auszubreiten.

Oft klammern wir uns an Dinge fest, sei es an vergangene Erfolge, negative Erfahrungen oder selbstauferlegte Grenzen. Doch das Festhalten hindert uns daran, vorwärtszukommen und uns weiterzuentwickeln. Das Loslassen ist der Schlüssel, um den Raum für Wachstum und Veränderung zu öffnen.

Das Loslassen erfordert Mut und Vertrauen. Es ist der Akt des Sich-Öffnens für das Unbekannte und des Vertrauens in den Prozess des Lebens. Wenn wir loslassen, machen wir Platz für neue Möglichkeiten, neue Erfahrungen und neue Wege der Kreativität. Es ist ein Sprung ins Ungewisse, der uns erlaubt, uns selbst zu entfalten und unser volles Potenzial zu entdecken.

Das Loslassen bedeutet auch, uns von unseren eigenen Erwartungen und Perfektionismus zu befreien. Oft setzen wir uns unter Druck, perfekt zu sein und bestimmte Ziele zu erreichen. Doch in diesem Streben nach Perfektion verlieren wir manchmal den Zugang zu unserer wahren Kreativität. Das Loslassen ermöglicht es uns, uns von diesen selbstauferlegten Fesseln zu befreien und unsere Kreativität frei fließen zu lassen.

Das Loslassen ist ein Prozess, der Zeit und Übung erfordert. Es geht darum, bewusst loszulassen und sich von dem zu trennen, was uns nicht länger dient. Manchmal bedeutet es auch, Menschen oder Situationen loszulassen, die uns nicht guttun oder uns daran hindern, unser volles Potenzial zu entfalten. Doch durch das Loslassen schaffen wir Raum für neue Begegnungen, positive Veränderungen und eine tiefere Verbindung mit uns selbst.

Das Loslassen öffnet auch die Tür zur Dankbarkeit. Wenn wir uns von Dingen oder Menschen trennen, können wir dankbar für die Erfahrungen sein, die sie uns gebracht haben. Wir können dankbar sein für die Lektionen, die wir gelernt haben, und für das Wachstum, das daraus entstanden ist. Die Dankbarkeit hilft uns, den Fokus auf das Positive zu lenken und uns auf das zu konzentrieren, was wirklich wichtig ist.

In diesem Kapitel lade ich dich ein, die Magie des Loslassens zu erleben. Erkenne, welche Dinge oder Überzeugungen du loslassen möchtest, um Platz für Neues zu schaffen. Übe dich in der Kunst des Loslassens, sei es durch Meditation, Tagebuchschreiben oder andere Rituale. Vertraue auf den Prozess des Lebens und sei offen für das, was das Universum für dich bereithält.

Kapitel 20: Die Magie der Verbindung

In einer Welt, die immer digitaler wird, ist die Magie der Verbindung eine wertvolle Ressource. Es ist die Kraft, die uns mit anderen Menschen, mit der Natur und mit uns selbst verbindet. In diesem Kapitel wollen wir die Magie der Verbindung erkunden und wie sie unsere Kreativität bereichert und inspiriert.

Die Verbindung ist das, was uns als Menschen ausmacht. Es ist das Gefühl der Verbundenheit, das uns erfüllt, wenn wir uns mit anderen Menschen auf einer tiefen, authentischen Ebene verbinden. Es ist das Gefühl des Eintauchens in den Moment, wenn wir uns mit der Natur verbinden und die Schönheit um uns herum spüren. Es ist das Gefühl der Selbstverbindung, wenn wir in uns selbst ruhen und unsere innere Weisheit erkunden.

In einer Welt, die oft von Oberflächlichkeit und Hast geprägt ist, ist es wichtig, bewusste Verbindungen zu suchen. Es geht nicht nur darum, Kontakte zu knüpfen, sondern darum, echte Beziehungen aufzubauen. Es geht darum, tiefes Zuhören zu praktizieren, Verständnis zu entwickeln und sich gegenseitig zu unterstützen. Denn in der Verbindung finden wir Inspiration, Unterstützung und einen Raum, in dem unsere Kreativität erblühen kann.

Die Magie der Verbindung liegt in den Momenten des Teilens und des Mitgefühls. Wenn wir uns mit anderen Menschen verbinden, können wir unsere Geschichten teilen, unsere

Leidenschaften entdecken und uns gegenseitig inspirieren. Es ist der Akt des Zuhörens und des Verstehens, der uns erlaubt, uns tiefer mit anderen Menschen zu verbinden und unsere Perspektiven zu erweitern.

Die Verbindung mit der Natur ist eine Quelle unendlicher Inspiration. Wenn wir uns bewusst in die Natur begeben und unsere Sinne öffnen, können wir die Schönheit und Harmonie um uns herum spüren. Es ist der Moment des Staunens, wenn wir uns mit den Elementen verbinden und die kreative Energie der Welt um uns herum erfahren. Die Natur ist ein unerschöpflicher Quell der Inspiration, der uns dabei unterstützt, unsere kreativen Kräfte zu entfesseln.

Die Verbindung mit uns selbst ist von grundlegender Bedeutung für unsere kreative Reise. Es ist der Akt des Sich-Besinnens, des In-sich-Hineinhorchens und des Eintauchens in unsere eigenen inneren Welten. Wenn wir uns mit uns selbst verbinden, können wir unsere wahren Leidenschaften erkennen, unsere Stärken entfalten und unser volles kreatives Potenzial freisetzen.

In diesem Kapitel lade ich dich ein, die Magie der Verbindung zu erleben. Suche bewusst nach tiefen Beziehungen, sei es zu anderen Menschen, zur Natur oder zu dir selbst. Öffne dich für die Schönheit des Teilens, des Mitgefühls und des Staunens. Denn inmitten der Verbindung liegt die Magie, die deine Kreativität zum Leuchten bringt und dich zu neuen kreativen Höhen führt.

Kapitel 21: Das Feuer der Leidenschaft

Die Leidenschaft ist ein Feuer, das in uns brennt und uns antreibt. Es ist der Funke, der unsere Kreativität entfacht und uns dazu inspiriert, unsere Träume zu verfolgen. In diesem Kapitel wollen wir das Feuer der Leidenschaft entdecken und wie es uns dazu bringt, unsere kreativen Flügel auszubreiten.

Die Leidenschaft ist das Herzstück unserer kreativen Reise. Sie ist das, was uns antreibt und uns das Gefühl gibt, lebendig zu sein. Wenn wir leidenschaftlich sind, finden wir einen tieferen Sinn und eine tiefere Bedeutung in dem, was wir tun. Die Leidenschaft gibt uns Energie, Ausdauer und den Mut, uns über Grenzen hinaus zu wagen.

Es ist wichtig, unsere Leidenschaften zu erkennen und ihnen Raum zu geben. Oft sind es unsere Leidenschaften, die uns zu unseren größten kreativen Durchbrüchen führen. Wenn wir unsere Leidenschaften in unser kreatives Schaffen einfließen lassen, entsteht etwas Einzigartiges und Authentisches. Es ist das Feuer der Leidenschaft, das unsere Werke zum Leuchten bringt und sie von anderen abhebt.

Die Leidenschaft ist ansteckend. Wenn wir leidenschaftlich sind, strahlen wir eine Energie aus, die andere Menschen inspiriert. Unsere Begeisterung und Hingabe können andere dazu ermutigen, ihre eigenen Leidenschaften zu entdecken und zu verfolgen. Die Leidenschaft ist ein Geschenk, das wir teilen können, um andere zu motivieren und zu begeistern.

Es gibt Zeiten, in denen das Feuer der Leidenschaft zu erlöschen droht. Herausforderungen, Rückschläge und Zweifel können das Feuer schwächen. Doch in diesen Momenten ist es wichtig, die Flamme zu nähren und den Funken wiederzuentfachen. Wir können uns an unsere Ursprungsmotivation erinnern, uns mit inspirierenden Menschen umgeben und uns bewusst Zeit nehmen, um unsere Leidenschaften wiederzubeleben.

Die Leidenschaft erfordert Hingabe und Engagement. Sie fordert uns auf, uns selbst zu hinterfragen, unsere Komfortzone zu verlassen und uns auf den kreativen Prozess einzulassen. Die Leidenschaft bringt uns dazu, hart zu arbeiten, Rückschläge zu überwinden und immer wieder aufzustehen. Denn inmitten der Leidenschaft liegt die Kraft, Hindernisse zu überwinden und unsere Träume zu verwirklichen.

In diesem Kapitel lade ich dich ein, das Feuer der Leidenschaft in dir zu entfachen. Erkenne deine wahren Leidenschaften und gebe ihnen Raum in deinem Leben. Lass dich von der Energie und Begeisterung der Leidenschaft inspirieren und Teile sie mit anderen. Nähre das Feuer, auch wenn es schwierig wird, und lass dich von der Kraft der Leidenschaft zu neuen kreativen Höhen tragen.

Kapitel 22: Die Kraft der Resilienz

Die Resilienz ist eine Kraft, die uns ermöglicht, aus Rückschlägen und Herausforderungen gestärkt hervorzugehen. Sie ist die Fähigkeit, uns an schwierige Zeiten anzupassen, uns zu erholen und wieder aufzustehen. In diesem Kapitel wollen wir die Kraft der Resilienz erforschen und wie sie uns dabei unterstützt, unsere kreativen Träume zu verwirklichen.

Das Leben ist voller Höhen und Tiefen, und auf unserer kreativen Reise werden wir mit Hindernissen und Rückschlägen konfrontiert. Die Resilienz erlaubt es uns, diese Herausforderungen anzunehmen und weiterzugehen, auch wenn es schwerfällt. Sie ist die innere Stärke, die uns befähigt, uns selbst zu erheben und unseren Weg fortzusetzen.

Die Resilienz ermöglicht es uns, aus Fehlern und Misserfolgen zu lernen. Sie ermutigt uns, uns selbst zu reflektieren, unsere Schwächen anzuerkennen und an ihnen zu arbeiten. Die Resilienz gibt uns die Zuversicht, dass wir in der Lage sind, Hindernisse zu überwinden und uns immer wieder neu zu erfinden.

In Zeiten der Krise oder des Zweifels ist es die Resilienz, die uns Hoffnung schenkt. Sie erinnert uns daran, dass wir widerstandsfähig sind und dass wir in der Lage sind, uns an Veränderungen anzupassen. Die Resilienz gibt uns den Mut, unsere Ängste zu überwinden und unseren Weg mit Zuversicht und Entschlossenheit fortzusetzen.

Die Resilienz geht Hand in Hand mit Selbstfürsorge. Es ist wichtig, auf unsere körperliche, emotionale und geistige Gesundheit zu achten, um resilient zu bleiben. Indem wir uns um uns selbst kümmern, schaffen wir eine solide Grundlage, um mit den Herausforderungen des Lebens umzugehen und unsere kreative Energie aufrechtzuerhalten.

Die Resilienz ermöglicht es uns, neue Wege zu entdecken und alternative Lösungen zu finden. Sie eröffnet uns die Möglichkeit, ausgetretene Pfade zu verlassen und neue Wege zu erkunden. Die Resilienz gibt uns die Freiheit, Risiken einzugehen und uns auf unbekanntes Terrain zu begeben, denn wir wissen, dass wir auch in schwierigen Zeiten standhaft bleiben können.

In diesem Kapitel lade ich dich ein, deine innere Resilienz zu erkennen und zu stärken. Akzeptiere die Herausforderungen und Rückschläge als Teil deiner kreativen Reise und erkenne, dass sie dich stärker machen. Pflege dich selbst und achte auf deine Gesundheit, um deine Resilienz zu unterstützen. Hab Vertrauen in deine Fähigkeit, dich anzupassen und neue Wege zu finden. Denn inmitten der Resilienz liegt die Kraft, deine kreativen Träume zu verwirklichen, egal was das Leben dir entgegenwirft.

Kapitel 23: Die Freiheit der Authentizität

Die Authentizität ist ein Geschenk, das uns die Freiheit gibt, wir selbst zu sein. Sie erlaubt es uns, unsere wahren Gedanken, Gefühle und Talente zu zeigen, ohne uns zu verstellen oder anzupassen. In diesem Kapitel wollen wir die Freiheit der Authentizität erkunden und wie sie uns dabei unterstützt, unsere kreativen Flügel auszubreiten.

Oft fühlen wir uns gezwungen, eine bestimmte Rolle zu spielen oder den Erwartungen anderer gerecht zu werden. Wir verstecken unsere wahren Farben aus Angst vor Ablehnung oder Kritik. Doch die wahre Freiheit liegt darin, uns selbst zu erlauben, authentisch zu sein und unsere Einzigartigkeit zu umarmen.

Die Authentizität erfordert Mut. Es erfordert den Mut, sich selbst zu zeigen, auch wenn es bedeutet, sich verletzlich zu machen. Es ist der Akt des Vertrauens, dass wir geliebt und akzeptiert werden, genauso wie wir sind. Wenn wir authentisch sind, erlauben wir anderen Menschen, uns auf einer tieferen Ebene zu verstehen und eine Verbindung mit uns herzustellen.

Die Authentizität ist ein Geschenk an uns selbst und an die Welt. Wenn wir authentisch sind, strahlen wir eine Energie aus, die andere Menschen inspiriert und berührt. Unsere wahre Essenz kommt zum Vorschein und zieht Menschen an, die uns unterstützen und ermutigen. Indem wir authentisch sind, öffnen wir die Türen zu wahren Beziehungen und echter Verbundenheit.

Die Authentizität erlaubt es uns auch, unsere kreativen Flügel auszubreiten und unsere Talente zum Ausdruck zu bringen. Wenn wir uns erlauben, authentisch kreativ zu sein, entfalten sich neue Möglichkeiten und Potenziale. Wir können unserer Intuition folgen und uns von unserem inneren Kompass leiten lassen. Es ist die Authentizität, die unsere kreativen Werke mit einer ganz besonderen Magie erfüllt.

Es gibt Zeiten, in denen es schwierig ist, authentisch zu sein. Wir können uns von Zweifeln, Ängsten oder gesellschaftlichen Erwartungen beeinflussen lassen. Doch in diesen Momenten ist es wichtig, sich an unsere wahre Natur zu erinnern und den Mut aufzubringen, authentisch zu bleiben. Denn inmitten der Authentizität liegt die Freiheit, uns selbst zu entfalten und unsere kreative Stimme laut und klar erklingen zu lassen.

In diesem Kapitel lade ich dich ein, die Freiheit der Authentizität zu umarmen. Erlaube dir, du selbst zu sein und deine wahre Essenz zum Ausdruck zu bringen. Lass die Angst vor Ablehnung los und vertraue darauf, dass du geliebt und akzeptiert wirst, genauso wie du bist. Sei mutig und zeige der Welt deine Einzigartigkeit. Denn inmitten der Authentizität liegt die Freiheit, deine kreativen Träume wahr werden zu lassen.

Kapitel 24: Die Liebe zur Schöpfung

Die Liebe zur Schöpfung ist eine tiefe Verbindung, die uns mit der Essenz unseres kreativen Seins verbindet. Es ist die Liebe zu dem Akt des Erschaffens, zu dem Prozess, der uns erlaubt, unsere innersten Gedanken und Emotionen in Form zu bringen. In diesem Kapitel wollen wir die Liebe zur Schöpfung erkunden und wie sie uns dabei unterstützt, unsere kreativen Flügel auszubreiten.

Wenn wir uns mit unserer kreativen Energie verbinden, geschieht etwas Magisches. Wir tauchen ein in einen Zustand der Hingabe und des Fließens. In diesem Moment verschmelzen wir mit unserer Kreativität und lassen uns von ihr leiten. Es ist ein Akt der Liebe, der uns erlaubt, unsere tiefsten Gefühle und Leidenschaften auszudrücken.

Die Liebe zur Schöpfung ist ein Ausdruck unserer innersten Wahrheit. Wenn wir uns erlauben, unserer Kreativität zu folgen, öffnen wir die Türen zu unserem wahren Selbst. Wir verbinden uns mit unserer Seele und bringen das zum Ausdruck, was uns wirklich ausmacht. Es ist ein Akt der Selbstliebe, der uns erlaubt, uns vollständig zu entfalten.

In der Liebe zur Schöpfung finden wir auch Trost und Heilung. Wenn wir uns dem kreativen Prozess hingeben, können wir unsere Sorgen und Ängste loslassen. Wir finden einen Raum der Ruhe und des Friedens, in dem wir uns sicher und geborgen fühlen. Die Liebe zur Schöpfung hilft uns, unsere Emotionen zu verarbeiten und uns mit unserer inneren Weisheit zu verbinden.

Die Liebe zur Schöpfung eröffnet uns auch die Möglichkeit, eine positive Veränderung in der Welt zu bewirken. Durch unsere kreativen Werke können wir Menschen berühren, inspirieren und zum Nachdenken anregen. Wir können eine Botschaft des Mitgefühls, der Hoffnung und der Transformation senden. Die Liebe zur Schöpfung ermöglicht es uns, Spuren zu hinterlassen und die Welt auf eine einzigartige Weise zu bereichern.

Es gibt Zeiten, in denen die Liebe zur Schöpfung auf die Probe gestellt wird. Selbstzweifel, Kritik oder das Gefühl des Nichtgenügens können uns daran hindern, unsere kreative Stimme zu entfalten. Doch in diesen Momenten ist es wichtig, sich an die Liebe zur Schöpfung zu erinnern. Lass die Liebe zu deinem inneren Schöpfergott dich leiten und dich daran erinnern, dass du wertvoll und einzigartig bist.

In diesem Kapitel lade ich dich ein, die Liebe zur Schöpfung in all ihren Facetten zu erkunden. Verbinde dich mit deiner kreativen Energie und lasse sie durch dich fließen. Öffne dein Herz und erlaube der Liebe zur Schöpfung, dich zu umarmen. Vertraue darauf, dass deine kreativen Werke einen positiven Einfluss haben und die Welt auf magische Weise berühren können. Denn inmitten der Liebe zur Schöpfung liegt die Kraft, deine kreativen Flügel vollständig auszubreiten und deine einzigartige Schönheit zu entfalten.

Kapitel 25: Die Kraft der Verletzlichkeit

Die Verletzlichkeit ist eine Kraft, die uns zutiefst menschlich macht. Es ist der Mut, unsere Wände niederzureißen und uns der Welt in unserer ganzen Authentizität zu zeigen. In diesem Kapitel wollen wir die Kraft der Verletzlichkeit erkunden und wie sie uns dabei unterstützt, unsere kreativen Flügel auszubreiten.

Oft fürchten wir uns vor der Verletzlichkeit. Wir verstecken uns hinter Mauern, aus Angst, verletzt oder abgelehnt zu werden. Doch in der Verletzlichkeit liegt auch eine tiefe Schönheit. Es ist die Kraft, uns zu öffnen und uns anderen Menschen wirklich zu zeigen. Denn inmitten der Verletzlichkeit finden wir wahre Verbindung und echte Begegnungen.

Die Verletzlichkeit erlaubt es uns, unsere wahren Gefühle zu zeigen und unsere Geschichten zu teilen. Sie ermutigt uns, unsere Ängste, Zweifel und Hoffnungen offen auszusprechen. In der Verletzlichkeit liegt die Kraft, andere Menschen zu berühren und ihre Herzen zu öffnen. Es ist ein Akt des Mutes, der uns erlaubt, uns auf einer tiefen Ebene zu verbinden.

Die Verletzlichkeit ist auch der Schlüssel zur kreativen Entfaltung. Wenn wir uns erlauben, verletzlich zu sein, öffnen wir uns für neue Erfahrungen und Möglichkeiten. Wir erlauben uns, uns vom Unbekannten überraschen zu lassen und uns von unserer Intuition leiten zu lassen. In der Verletzlichkeit finden wir den Mut, neue kreative Wege zu erkunden und unsere künstlerische Stimme zu finden.

Es gibt Zeiten, in denen die Verletzlichkeit uns Angst macht. Wir fürchten uns vor Ablehnung oder Verletzung und ziehen uns zurück. Doch in diesen Momenten ist es wichtig, sich an die Kraft der Verletzlichkeit zu erinnern. Lass die Verletzlichkeit zu deinem Verbündeten werden und dich daran erinnern, dass es in der Verletzlichkeit eine große Stärke gibt. Denn inmitten der Verletzlichkeit liegt die Kraft, uns selbst zu entfalten und unsere kreative Essenz zu zeigen.

In diesem Kapitel lade ich dich ein, die Kraft der Verletzlichkeit zu umarmen. Erlaube dir, verletzlich zu sein und dich der Welt in deiner ganzen Schönheit zu zeigen. Öffne dein Herz und erlaube anderen Menschen, an deinen innersten Gedanken und Gefühlen teilzuhaben. Vertraue darauf, dass die Verletzlichkeit dich nicht schwächt, sondern dich stärkt und dich zu deiner wahren Kraft führt. Denn inmitten der Verletzlichkeit liegt die Kraft, deine kreativen Flügel vollständig auszubreiten und dein volles Potenzial zu entfalten.

Kapitel 26: Die Sehnsucht nach Erfüllung

Die Sehnsucht nach Erfüllung ist ein tiefer, intensiver Wunsch, der in uns brennt. Es ist das Verlangen nach einem erfüllten Leben, nach einem Ausdruck unserer wahren Leidenschaften und Talente. In diesem Kapitel wollen wir die Sehnsucht nach Erfüllung erkunden und wie sie uns dabei unterstützt, unsere kreativen Flügel auszubreiten.

In jedem von uns gibt es eine Sehnsucht, die uns antreibt und uns nach einem tieferen Sinn streben lässt. Es ist der Ruf unseres Herzens, der uns auffordert, unser volles Potenzial zu entfalten und unsere wahren Träume zu leben. Die Sehnsucht nach Erfüllung erinnert uns daran, dass wir für etwas Größeres bestimmt sind.

Die Sehnsucht nach Erfüllung kann manchmal schmerzhaft sein. Sie kann uns das Gefühl geben, dass wir noch nicht am richtigen Ort sind oder dass uns etwas fehlt. Doch in dieser Sehnsucht liegt auch eine große Kraft. Sie treibt uns an, nach neuen Wegen zu suchen, nach unseren innersten Wünschen und Leidenschaften zu graben und unser Leben bewusst zu gestalten.

Die Sehnsucht nach Erfüllung fordert uns auf, uns selbst zu erkennen und unseren inneren Ruf zu folgen. Sie ermutigt uns, mutig zu sein und Risiken einzugehen. Sie erinnert uns daran, dass das Leben zu kurz ist, um unsere Träume aufzuschieben. Die Sehnsucht nach Erfüllung ist ein Weckruf, der uns daran erinnert, dass es an der Zeit ist, unser volles Potenzial zu entfalten.

Die Sehnsucht nach Erfüllung lässt uns auch Verbindung suchen. Wir sehnen uns nach einem tieferen Austausch, nach Beziehungen, die uns nähren und unterstützen. Diese Sehnsucht erinnert uns daran, dass wir nicht alleine sind und dass wir gemeinsam wachsen und gedeihen können. Sie lädt uns ein, unsere Leidenschaften mit anderen zu teilen und uns gegenseitig zu inspirieren.

Es gibt Zeiten, in denen die Sehnsucht nach Erfüllung uns in Frage stellt. Selbstzweifel und Ängste können auftauchen und uns daran hindern, unseren inneren Ruf zu folgen. Doch in diesen Momenten ist es wichtig, sich an die Sehnsucht nach Erfüllung zu erinnern. Lass die Sehnsucht dich leiten und dich daran erinnern, dass du das Potenzial hast, deine Träume zu verwirklichen.

In diesem Kapitel lade ich dich ein, deine Sehnsucht nach Erfüllung zu erforschen und ihr zu lauschen. Gehe in dich und frage dich, was dich wirklich erfüllt und was deine Leidenschaften sind. Erlaube der Sehnsucht, dich anzuleiten und dich auf den Weg zu bringen, der dich zu deiner wahren Erfüllung führt. Vertraue darauf, dass du das Potenzial hast, deine Sehnsüchte zu verwirklichen und ein erfülltes Leben zu

Zusammenfassung

In diesem Buch haben wir uns auf eine emotionale Reise durch die Welt der Kreativität begeben. Angefangen bei der Magie des Experimentierens bis hin zur Manifestation unserer kreativen Visionen haben wir verschiedene Facetten der Kreativität erkundet. Dabei haben wir gelernt, dass Kreativität kein isoliertes Phänomen ist, sondern in allen Bereichen unseres Lebens präsent sein kann. Wir haben den Mut gefunden, anders zu sein, die Balance zwischen Struktur und Chaos zu finden und die Verbindung zwischen Kreativität und Technologie zu nutzen. Wir haben die Heilkraft der Kreativität erlebt und gelernt, wie wir sie im Alltag manifestieren können.

Dieses Buch ist eine Einladung, unsere kreativen Flügel vollständig auszubreiten und uns von der Kraft der Kreativität berühren zu lassen. Es ist ein Aufruf, unsere Träume zu verfolgen, unsere innere Stimme zu hören und uns selbst zu erlauben, kreativ zu sein. Denn inmitten der Kreativität liegt die Essenz unserer Menschlichkeit, die Fähigkeit, uns auszudrücken und unsere einzigartige Sichtweise auf die Welt zu teilen.

Outro:

In diesem emotionalen Buch haben wir erfahren, dass Kreativität mehr ist als nur ein Konzept. Sie ist eine lebendige Energie, die in uns allen pulsiert und darauf wartet, entfesselt zu werden. Indem wir uns der Kreativität öffnen, öffnen wir uns für ein erfülltes und bedeutungsvolles Leben. Wir haben gelernt, dass es keine Grenzen für unsere kreativen Möglichkeiten gibt und dass wir die Schöpfer unseres eigenen kreativen Ausdrucks sind.

Ich hoffe, dass du auf dieser Reise Inspiration gefunden hast und dass dieses Buch dich ermutigt, deine eigene Kreativität zu erforschen und zu entfalten. Lass die Kreativität zu einem festen Bestandteil deines Lebens werden und erlaube ihr, dich auf deinem persönlichen Wachstumspfad zu begleiten. Gehe mutig voran, finde deine individuelle Art des kreativen Ausdrucks und hinterlasse deine Spuren in dieser Welt.

Denke daran, dass du ein kreatives Wesen bist, das fähig ist, die Welt zu verändern. Lass deine kreativen Flügel entfalten und erlaube der Welt, deine einzigartige Schönheit zu sehen. Möge die Kreativität dich immer begleiten und dich dazu inspirieren, dein volles Potenzial auszuschöpfen.

Abschließend möchte ich mich bei dir bedanken, dass du dieses Buch begleitet hast. Ich hoffe, es hat dich berührt und zum Nachdenken angeregt. Mögest du immer den Mut haben, deine Kreativität zu umarmen und deine einzigartige Stimme in die Welt zu tragen.

Vielen Dank und viel Freude auf deiner kreativen Reise!